الْقَمَرُ
صَديقُ الرَّحّال

بِقَلَم: عِماد نَصْر

بِريشة: مونا ميليه مينيو وبارڤيندر سينج

Collins

الفَصْلُ الأَوَّل

سَعيدٌ وَلَدٌ رَحّالٌ في العاشِرةِ من عُمْرِهِ.
يَعيشُ معَ عائلَتِهِ وقَبيلَتِهِ في الصَّحْراءِ العَرَبيّةِ
على عادةِ الرَّحّالة.

في يَوْمٍ منَ الأيّامِ، ذَهَبَ سَعيدٌ كَعادتِهِ لِيُحضِرَ الماءَ
لِأمِّهِ من بِئرٍ قَريبة، لكنَّهُ وَجَدَ أنَّ الماءَ قد شَحَّ!

رَكَضَ سَعيدٌ إلى خَيْمَتِهِ، وأَخْبَرَ والِدَهُ، عَبْدَ اللّهِ، بِما رَآه.

أَخْبَرَ عَبْدُ اللّهِ رِجالَ القَبيلةِ، وذَهَبوا جَميعًا لِيَجِدوا أنَّ وَضْعَ البِئرِ خَطيرٌ فِعْلًا!

فالماءُ كانَ قَدْ بَدَأَ بِالجَفافِ، والقَبيلةُ لَنْ تتَمَكَّنَ مِنَ الصُّمودِ مِن دونِهِ؛ فَالماءُ أساسٌ لِحَياتِهِم وَحياةِ ماشِيَتِهِم.

كانَ حَفرُ بئرِ الماءِ أمرًا شاقًّا جدًّا؛ لِذا، كانَ سُكّانُ الصَّحراءِ يَتَعاوَنونَ على حَفرِها لِيُؤَمِّنوا الماءَ، لَهُم ولِماشِيَتِهِم، في الطَّبيعةِ الصَّحراوِيّةِ الجافّة.

في المَساءِ، اجْتَمَعَ حُكَماءُ القَبيلَةِ، وتَشاوَروا فيما بَينَهُم، ثُمَّ قَرَّروا أن يُغادِروا المَكانَ بَحْثًا عنِ الماءِ في واحةٍ يَسْمَعونَ بِأنَّها تَقَعُ في جَنوبِ الصَّحْراء.

وبَعْدَ أيّامٍ قَليلةٍ، بَدَأَ أَهْلُ القَبيلةِ يَحْزِمونَ أَمْتِعَتَهُم بَحْثًا عنِ الواحةِ الجَديدةِ في الجَنوب.

قَالَ عَبْدُ اللّهِ لِوَلَدِهِ سَعيد:
"سَعيدُ، سَعيدُ يا بُنَيّ. اِذْهَبْ وساعِدْ أَهْلَ القَبيلةِ في حَزْمِ الأَمْتِعةِ وتَفْكيكِ الخِيام."

”سَوْفَ نَنْطَلِقُ وَقتَ غُروبِ الشَّمْسِ هذا المَساء.“

”هذا المَساءُ يا أبي؟! ولكنْ كَيفَ سَنَرى مِنْ حَوْلِنا لِنَعْرِفَ الطَّريقَ الصَّحيح؟“

”لا تَقْلَقْ يا سَعيد، فخالِدٌ بَطَلُ قَبيلَتِنا يَعْرِفُ كَيفَ يُرْشِدُنا في سَفَرِنا، وهو جاهِزٌ لِمُساعَدَتِنا هذا المَساء.“

يُسافِرُ الرَّحّالةُ في الصَّحْراءِ في أَثْناءِ اللَّيْلِ بِسَبَبِ ارْتِفاعِ حَرارةِ الشَّمْسِ في النَّهارِ لِدَرَجةٍ كبيرة، ولِأنَّهُم يَسْتَعينونَ بالنُّجومِ والقَمَرِ كَيْ يَعْرِفوا الطَّريقَ الصَّحيح.

الفَصْلُ الثّاني

اِنْتَهى سَعيدٌ مِنْ مُساعَدةِ أَهْلِ القَبيلةِ،
ثُمَّ تَوَجَّهَ لِيُساعِدَ والِدَيْهِ في تَفْكيكِ خَيْمَتِهِم.

وَضَّبوا الخَيْمةَ جَيِّدًا، ووَضَعوا الأَمْتِعةَ في صُنْدوقٍ كَبيرٍ مَصْنوعٍ مِنْ خَشَبِ النَّخيل.

كانَ أَهْلُ القَبيلةِ مُسْتَعِدِّينَ لِلسَّفَرِ.

حَلَّ الظَّلامُ... كانَتِ الجِمالُ مُسْتَعِدّةً لِلِانْطِلاقِ بِرِحْلةٍ طَويلةٍ،
بَعْدَ أَن وُضِعَتِ الأَمْتِعةُ عَلَيْها وَثُبِّتَتْ جَيِّدًا.

يَتَمَيَّزُ الجَمَلُ بِسَنامِهِ، وهو عِبارةٌ عن مَخْزَنٍ كَبيرٍ لِلدُّهونِ.
عِنْدَما يَتَعَرَّضُ الجَمَلُ لِلجوعِ أو العَطَشِ الشَّديدِ،
يَقومُ بِتَحْويلِ ما يَحْتاجُ إليهِ مِنْ هذا الدُّهْنِ إلى غِذاءٍ وماءٍ.
بِذلك، يُمْكِنُهُ أَن يَصْبِرَ على الجوعِ والعَطَشِ لِعِدّةِ أَيّامٍ.
كذلك، يَحْمي السَّنامُ جِسْمَ الجَمَلِ مِنْ أَشِعّةِ الشَّمْسِ،
بِحَيْثُ يَعْمَلُ كَحاجِزٍ يَمْنَعُ وُصولَها إلى بَقِيّةِ أَجْزاءِ الجِسْمِ مُباشَرةً.

وَانْطَلَقَتِ القافِلةُ ...

كانَ سَعيدٌ يُفَكِّرُ في كَلامِ والِدِهِ عَنْ خالِدٍ مُتَسائلًا:
"كيفَ لِرَجُلٍ في الثَّلاثينَ منَ العُمْرِ أن يُعْتَبَرَ بَطَلَ القَبيلة؟"

هَتَفَ سَعيد:
"أبي، أبي... ماذا تَقْصِدُ بِقَوْلِكَ إنَّ خالِدًا يَعْرِفُ كَيفَ يُرْشِدُنا؟"

"خالِدٌ، يا بُنيّ، يَعْرِفُ دُروبَ الصَّحْراءِ وأسْرارَها،
ويَقْرَأُ الاتِّجاهاتِ مِنْ خِلالِ القَمَرِ ونُجومِ السَّماء."

"رائع! أُريدُ أن أَتَعلَّمَ من خالِدٍ، وسَأُرافِقُهُ طَوالَ الرِّحْلة!
هلْ تَسْمَحُ لي بِذلك يا أبي؟"

"بِالطَّبْع! فخالِدٌ خَيْرُ صَديق. سَتَجِدُهُ في مُقَدِّمةِ القافِلة."

إِسْتَأْذَنَ سَعيدٌ والِدَهُ، وذَهَبَ يَبْحَثُ عَنْ خالِدٍ في مُقَدِّمةِ القافِلةِ، فوَجَدَهُ يَقودُ الجَمَلَ الأَوَّلَ فيها.

قَدَّمَ سَعيدٌ نَفْسَهُ لِخالِدٍ وطَلَبَ مِنهُ مُرافَقَتَهُ.

تَبَسَّمَ خالِدٌ، وَقالَ:
"أهْلًا بِكَ يا سَعيد، سَتَتَعَلَّمُ الكثيرَ في خِلالِ الرِّحْلة."

"شُكرًا لَكَ. أَخْبِرْني يا خالِد، كَيفَ نَعْرِفُ طَريقَنا في الظَّلامِ الآنَ؟"

"بِفَضْلِ القَمَرِ يا سعيد. فَنُورُهُ الَّذي يَسْتَمِدُّهُ منَ الشَّمْسِ يُضيءُ بِهِ اللَّيْلَ الحالِكَ كَيْ يَرى المُسافِرونَ طَريقَهُم. لَقَدْ رافَقَ أَجْدادَنا مِنْ قَبلُ كَما يُرافِقُنا الآنَ. إنَّهُ بِالفِعْلِ صَديقُ كُلِّ رَحّال."

"ما أَرْوَعَ القَمَرَ يا خالِد!"، قالَ سَعيدٌ مُبْتَسِمًا وهو يَتَمَعَّنُ في القَمَر.

اِسْتَمَرَّتِ القافِلَةُ بِالتَّقَدُّمِ، واسْتَمَرَّ سَعيدٌ بِالتَّسامُرِ مَعَ خالِد.

الضَّوْءُ الصّادِرُ عنِ القَمَرِ مَصْدَرُهُ الشَّمْسُ؛ فَهو يَعكِسُ نورَها. القَمَرُ مُعْتِمٌ لا يُصْدِرُ أَيَّ نورٍ مِن تِلْقاءِ نَفْسِهِ. الشَّمْسُ نَجْمٌ والنُّجومُ تُصْدِرُ الضَّوْءَ مِن تِلْقاءِ نَفْسِها.

كانَ لِلقَمَرِ تَأْثيرٌ كَبيرٌ في حَياةِ الرَّحّالة؛ فَهو يُضيءُ لَهُمُ الطَّريقَ لَيْلًا، وَيُشْعِرُهُم بِالطُّمَأْنينةِ في أَثْناءِ سَيْرِهِمْ معَ الجِمالِ في اللَّيالي الصَّحْراوِيّةِ المُخيفة.

تَـتَزامَنُ حَرَكةُ القَمرِ مَعَ حَرَكةِ كَوْكَبِ الأَرْضِ، وهذا هو السَّبَبُ في أنَّ أَهْلَ الأَرْضِ يَرَوْنَ وَجْهًا واحِدًا لِلقَمرِ فَقَط.

قالَ سَعيدٌ مُتَسائِلًا:

"لِماذا يَتَغَيَّرُ شَكلُ القَمَرِ باسْتِمْرارٍ يا خالِد؟
فَمَرّةً نَراهُ دائرةً كامِلةً مُنيرةً، ثُمَّ يَصْغُرُ شَيْئًا فَشَيْئًا
لِيَخْتَفِيَ كُلِّيًّا؟"

"هذا سُؤالٌ جَيِّدٌ يا سَعيد. فَكَما تَعْرِفُ، يَدورُ القَمَرُ حَولَ الأَرْضِ في مَدارٍ شِبْهِ بَيْضاوِيٍّ، كَما تَدورُ الأرْضُ حَولَ الشَّمْس. وفي أَثْناءِ دَورانِهِ، تَسْقُطُ عَلَيْهِ أَشِعّةُ الشَّمْسِ مِنْ زَوايا مُخْتَلِفة، فَيَراهُ سُكّانُ الأَرْضِ بِأَشْكالٍ مُخْتَلِفة."

اِعْتَمَدَ العَرَبُ في تَحْديدِ أَوائِلِ الشُّهورِ على هِلالِ القَمَر.
فإذا اِخْتَفى القَمَرُ ولَمْ يَظْهَرْ فَهذه عَلامةُ آخِرِ الشَّهْرِ،
وبِظُهورِ الهِلالِ يَعْرِفونَ بِدايةَ الشَّهْر. هذا ما يُعْرَفُ بِالشَّهْرِ القَمَرِيّ.
كَيْ يَكْتَمِلَ الشَّهْرُ القَمَرِيُّ الواحِدُ يَجِبُ أن يُكْمِلَ القَمَرُ دَوْرةً كامِلةً
حولَ الأَرْضِ، وهو يَسْتَغْرِقُ فيها تِسعةً وعِشرينَ يَوْمًا تَقْريبًا.

”هذا يَعْني أنَّ شَكْلَهُ ثابِتٌ لا يَتَغيّرُ،
إنَّما نحنُ مَنْ نَراهُ بِأشْكالٍ مُخْتَلِفة.“

”صَحيحٌ يا سَعيد! وَقَدْ قُمْنا،
نَحنُ الرَّحّالة، بِتَحْديدِ بِدايةِ الشَّهْرِ
وَنِهايَتِهِ اعْتِماداً على تَغَيُّرِ شَكْلِ القَمَر.“

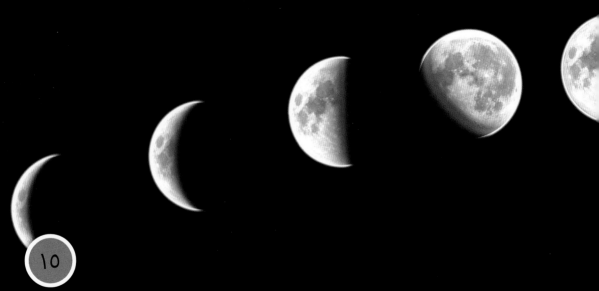

قالَ سَعيدٌ لِخالِد:
"الآنَ فَهِمْتُ! لَمْ أَكُنْ أَعْرِفُ مَدى أَهَمِّيَّةِ القَمَرِ في حَياتِنا!
شُكرًا لَكَ يا صَديقي."

كانَتْ صَداقةُ سَعيدٍ وخالِدٍ تَنْمو يَوْمًا بَعدَ يَوْم.
فَخالِدٌ مَسْرورٌ بِسَعيدٍ لأنَّهُ ذَكِيٌّ، ويَسْأَلُ دائمًا، ويَتوقُ إلى المَعْرِفَةِ،
وسَعيدٌ مُنْدَهِشٌ بِمَدى ثَقافةِ خالِدٍ، وبِهذا الكَمِّ الوَفيرِ مِنَ
المَعْلوماتِ الجَديدة.

الفَصْلُ الثَّالِثُ

ما إنْ مَضى على سَفَرِ القَبيلةِ عِدَّةُ أَيَّامٍ حَتّى فاجَأَتْهُمْ عاصِفةٌ
رَمْلِيَّةٌ جَعَلَتْهُمْ يَتَوَقَّفونَ عنِ المَسيرِ. كانَتِ العاصِفةُ شَديدةً.
غَطّى أَفْرادُ القَبيلةِ وجوهَهُمْ جَيِّدًا كَيْ يَمْنَعوا دُخولَ الرَّملِ في عُيونِهِمْ.

جَلَسَ سَعيدٌ أَرْضًا إلى جانِبِ خالِدٍ يَحْتَمي بالجَمَلِ.
كانَ الجَمَلُ جالِسًا وكأَنَّ العاصِفةَ لا تُؤَثِّرُ فيه.

لِلجَمَلِ عَيْنانِ بأَهْدابٍ كَثيفةٍ تَمْنَعُ دُخولَ الرِّمالِ
والغُبارِ، وتَحْمي بِذلكَ العَيْنَيْنِ جَيِّدًا مِنْ خَطَرِ
العَواصِفِ الرَّمْلِيَّةِ. كما أَنَّ للجَمَلِ أَنْفًا بِفُتْحاتٍ طَويلةٍ
تَمْنَعُ الرِّمالَ والغُبارَ مِنَ الدُّخولِ إلى مَجْرى التَّنَفُّسِ.

"لَقَد تَوَقَّفَتِ العاصِفةُ يا خالِد. لِماذا لا نُكْمِلُ سَفَرَنا كَيْ نَصِلَ بِسُرعة؟"

"سَوْفَ نُكْمِلُ يا صَديقي. لكن هناك مُشكِلةٌ صَغيرةٌ تُواجِهُنا.
لَمْ نَعُدْ نَعرِفُ اتِّجاهَ الجَنُوبِ، وعَلَيْنا انْتِظارُ اللَّيْلِ حَتّى يَظْهَرَ القَمَر."

"هلْ سَيَدُلُّنا القَمَرُ على الجَنوب؟ وكَيفَ ذلك؟"

"سَأُخْبِرُكَ حينَ يَظْهَرُ القَمَرُ يا عَزيزي."

وما إنْ حَلَّ اللَّيْلُ حَتّى تَوَجَّهَ سَعيدٌ إلى خالِدٍ مُعاوِدًا سُؤالَهُ.

اِبْتَسَمَ خالِدٌ قائلًا:
"هناك عِدّةُ طُرُقٍ لِمَعْرِفةِ اتِّجاهِ الجَنوبِ يا سَعيد،
وَسَأُعَلِّمُكَ طَريقةً مُهِمّةً."

"نَحنُ في أوَّلِ اللَّيْلِ، والقَمَرُ الآنَ بَدْرٌ، أَيْ أنَّهُ قَمَرٌ مُكْتَمِلٌ.
لِذا، يُمكِنُنا رُؤْيةُ الجانِبِ المُضيءِ مِن وَجْهِه. فَإذا وَقَفْتَ،
يا سَعيدُ، ووَجْهُكَ صَوْبَ القَمَرِ، سَيَكونُ اتِّجاهُ الشَّرْقِ أمامَكَ،
ويَكونُ الغَرْبُ خَلْفَكَ، والجَنوبُ عَن يَمينِكَ، والشَّمالُ عَن يَسارِكَ."

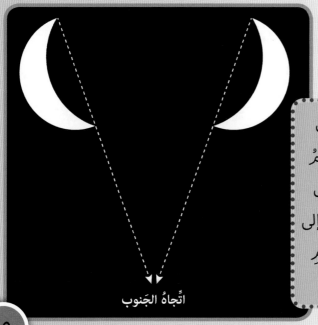

اتِّجاهُ الجَنوب

حينَ يَكونُ القَمَرُ هِلالًا يُمكِنُ أن أَعْرِفَ اتِّجاهَ الجَنوبِ كَالآتي: أَرْسُمُ خَطًّا وَهمِيًّا، أَتَّجِهُ فيهِ منَ الرَّأسِ الأعلى لِلهِلالِ مُرورًا بِرأسِهِ الثّاني إلى الأَسْفَل. إنَّ اتِّجاهَ الخَطِّ المَرْسومِ نَحْوَ الأرْضِ يَدُلُّ على الجَنوب.

"يا لَلرَّوْعَة! وهل هناك طَريقةٌ أُخْرى تُساعِدُنا على مَعْرِفَةِ الاتِّجاهات؟"

"طَبعًا. عِندَما يَكونُ الشَّهرُ في أيّامِهِ الأُولى، ويَكونُ القَمَرُ هِلالًا مُتَزايِدًا، يَكونُ جُزْءٌ مِنهُ مُظْلِمًا. هذا الجُزْءُ المُظْلِمُ منَ القَمَرِ يَدُلُّ على اتِّجاهِ الشَّرْق. وعَن يَمينِ هذا الجُزْءِ يَقَعُ الشَّمالُ، وبِالتّالي، فَإنَّ الغَرْبَ يُقابِلُ الشَّرْقَ، والجَنوبَ يُقابِلُ الشَّمال."

”لَمْ أَكُنْ أَعْرِفُ مَدى أَهَمِّيَّةِ القَمَرِ في حَياتِنا!
شُكرًا لَكَ يا صَديقي على هذه المَعْلوماتِ القَيِّمة.“

هل تَعرِفونَ أنَّ القَمَرَ هو العامِلُ الأساسِيُّ لِظاهِرةِ المَدِّ والجَزْرِ بِحَيْثُ تَتَأَثَّرُ مِياهُ البِحارِ والمُحيطاتِ بِجاذِبِيَّتِهِ؟ يَكونُ المَدُّ والجَزْرُ في قِمّةِ نَشاطِهِ حينَ يَكونُ القَمَرُ مُحاقًا، فيَرْتَفِعُ مَنْسوبُ المِياهِ إلى أقْصى حَدّ.

الفَصْلُ الرّابِع

وبَعدَ أيّامٍ، وفي ساعاتِ الصَّباحِ الأولى، وَصَلَ أَفْرادُ القَبيلةِ إلى مَكانٍ اِعْتَقَدوا أنَّهُ هو ما يَسْعَوْنَ إلَيْهِ.

تَوَقَّفَتِ القافِلةُ وَجَلَسَتِ الجِمالُ تَسْتَريحُ. أمّا أَفْرادُ القَبيلةِ فانْطَلَقوا يَتَجَوَّلونَ في أَرْجاءِ المَكانِ الجَديد. وَجَدَتِ القَبيلةُ بِئرَ ماءٍ قَدْ جَفَّتْ، وَعَثَرتْ على آثارِ أشْجارِ نَخيلٍ يابِسةٍ.

"أَينَ الماءُ يا خالِد؟!"، صاحَ سَعيد.

"هذا المَكانُ لَيْسَ المَكانَ الّذي نَسْعَى إلَيْهِ يا سَعيد. يَبْدو أَنَّهُ لَمْ يَعُدْ صالِحًا لِلحَياةِ كَما كانَ مِن قَبْل."

حَزِنَ سَعيدٌ كَثيرًا، ونَظَرَ إلى خالِدٍ قائِلًا: "وماذا سَنَفعَلُ الآن؟"

"سَنَسْتَريحُ يا صَديقي، القَبيلةُ تَحْتاجُ لِلرّاحة."

قَرَّرَتِ القَبيلةُ الاسْتِراحةَ في هذا المَكانِ **المَهْجور**.

جَمَعَ أَفْرادُ القَبيلةِ بَعضَ جُذوعِ النَّخْلِ اليابِسةِ اسْتِعْدادًا لِإشْعالِ النّارِ مَساءً، ولِلسَّهَرِ حَوْلَها. كانَ التَّعَبُ واضِحًا على وُجوهِ الجَميع.

غابَتِ الشَّمْسُ، وظَهَرَ القَمَرُ مِن جَديد.

هَتَفَ سَعيد: "ها هو صَديقُنا القَمَرُ يَعودُ مِن جَديدٍ يا خالِد."

"وسَنَسْهَرُ اللَّيْلةَ تَحتَ ضَوْئِه يا صَديقي!"

أَخْبَرَ خالِدٌ سَعيدًا بِأَنَّ هذه الأَرْضَ الّتي وَصَلوها كانَتْ مَكانًا صالِحًا لِلْعَيْشِ مِن قَبْلُ، لكنَّ الماءَ فيها جَفَّ.

في تِلكَ اللَّيْلَةِ، أَنْشَدَ شُعَراءُ القَبيلَةِ شِعْرًا جَميلًا يَصِفونَ فيهِ جَمالَ القَمَرِ ونورَهُ الجَميل. فالرَّحّالَةُ يُحِبّونَ الشِّعْرَ ويَبْرَعونَ في وَصْفِ الطَّبيعَةِ مِن حَولِهِم.

أَمْضى سَعيدٌ وخالِدٌ لَيْلَتَهُما يَسْتَمِعانِ إلى الشِّعْرِ، ويَنْظُرانِ إلى القَمَرِ فَرِحَين.

في قَديمِ الزَّمانِ، كانَ بَعضُ الشُّعوبِ القَديمةِ يَعتَقِدونَ أَنَّ القَمَرَ يُسَيطِرُ على حَياتِهِم، ويُؤَثِّرُ في ما يَحصُلُ لَهُم، فَكانوا يُحاوِلونَ التَّحَدُّثَ إليهِ ويَطلُبونَ مِنهُ أَنْ يُسَهِّلَ أُمورَهُم.

بَدَأَ أَفْرادُ القَبيلَةِ يَشْعُرونَ بِالثِّقَةِ والشَّجاعَةِ لِمُتابَعَةِ الرِّحْلَة.
وكانَ خالِدٌ يَبْتَسِمُ لِصَديقِهِ سَعيدٍ الّذي نَسِيَ هُمومَ الرِّحْلَة.

وقَبلَ طُلوعِ الفَجْرِ، قَرَّرَ شُيوخُ القَبيلَةِ أنْ يَسْتَمِرّوا في السَّيْرِ جَنوبًا ... وهَكَذا كان.

بَعدَ يَوْمَينِ، وَصَلتِ القافِلةُ إلى المَكانِ المَنْشودِ حَيْثُ يَكْثُرُ الطَّعامُ والمِياه.

كانَتِ الفَرْحةُ كَبيرةً. أَخَذَ سَعيدٌ يَرْقُصُ رَقْصةَ الرَّحّالةِ التَّقليدِيّةَ مُقَلِّدًا رِجالَ القَبيلة، وراحَتِ النِّساءُ يُزَغْرِدْنَ، والجَميعُ يُبارِكُ لِلْجَميعِ بِوُصولِهِم إلى المَكانِ الجَديد.

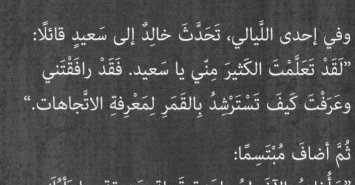

وفي إحدى اللَّيالي، تَحَدَّثَ خالِدٌ إلى سَعيدٍ قائلًا:
"لَقَدْ تَعَلَّمْتَ الكَثيرَ مِنّي يا سَعيد. فَقَدْ رافَقْتَني وعَرَفْتَ كَيفَ تَسْتَرْشِدُ بِالقَمَرِ لِمَعْرِفَةِ الاتِّجاهات."

ثُمَّ أضافَ مُبْتَسِمًا:
"سَأُغادِرُ، الآنَ، لِمُساعَدَةِ قَبيلةٍ صَديقة. ما رَأيُكَ في أنْ تَكونَ مُرشِدَ قَبيلَتِنا في غِيابي؟"

اِبْتَسَمَ الصَّديقانِ ونَظَرا بِاتِّجاهِ القَمَرِ ...
فَشَعَرَ سَعيدٌ لِلَحَظاتٍ بِأَنَّ القَمَرَ يَبْتَسِمُ بِدَوْرِهِ لَهُما.

قائمةُ المُفْرَدات

التَّسامُر	التَّحادُثُ وَقتَ المَساء
تَفْكيكُ الخِيام	إزالةُ الخِيام
الحالِك	المُظْلِم
حَزمُ الأَمْتِعة	إعْدادُها وَتَرْتيبُها
رَحّال/رَحّالة	كَثيرُ التِّرحالِ في البِلاد
شَحَّ	قَلَّ ونَقَصَ
الصُّمود	التَّحَمُّلُ والاسْتِمرار
مُعاوِدًا	مُكَرِّرًا
المَنْشود	المَقْصُود
المَهْجور	المَتْروك
هُمومُ الرِّحلة	تَعَبُ الرِّحلة
يَتَمَعَّنُ	يَنظُرُ مَلِيًّا
يُرْشِدُنا	يَدُلُّنا
يُزَغْرِدْنَ	يُرَدِّدْنَ صَوتَ الفَرَحِ في الحَلْقِ باللِّسان
يَسْعَوْنَ إلَيْهِ	يُفَتِّشونَ عَنْهُ

خَريطةُ القِصَّة

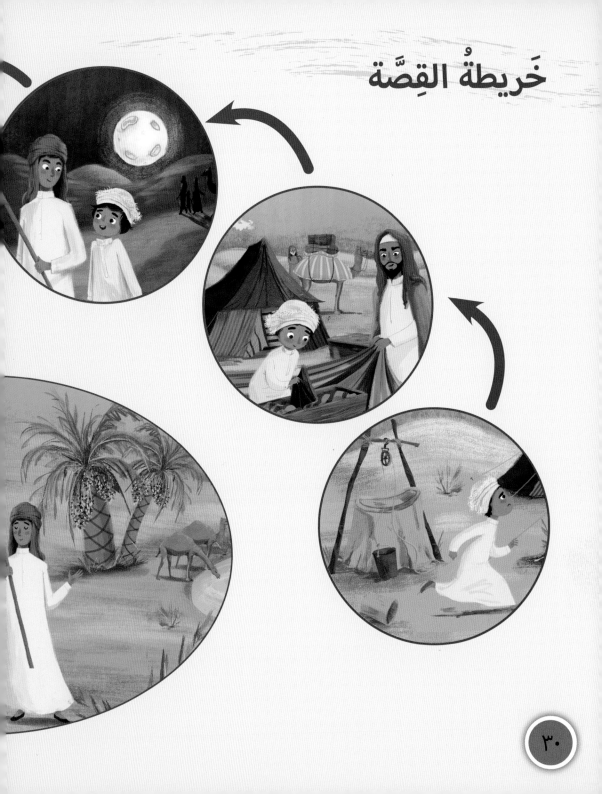

أفكار واقتراحات

الأهداف:

- قراءة النصّ بسلاسة.
- توقّع الأحداث في رواية خياليّة.
- التعرّف على ظاهرة طبيعيّة من خلال قصّة خياليّة.
- التفكير في الدوافع والأسباب وراء الأحداث في رواية خياليّة.
- قراءة المزيد من الكلمات الشائعة بدون تشكيل.

روابط مع الموادّ التعليميّة ذات الصلة:

- مبادئ التعرّف على السرد والرواية.
- مبادئ الجغرافيا والعلوم.

مفردات جديرة بالانتباه: رَحّال، قافلة، بئر، تفكيك الخيام، حَزم الأمتِعة، مَهجور، يُزَغْرِدْنَ

الأدوات: ورق، أقلام، الانترنت

قبل القراءة:

- هيّا نقرأ العنوان معًا. في رأيكم، ما هو المقصود بتعبير "الرحّال"؟
- هل العنوان مشوّق؟ لمِ هو كذلك؟
- هيّا نَصِف الغلاف الخارجيّ للكتاب. ما هي الحقائق الّتي نعرفها عن القمر؟
- ما هي الأخطار الّتي كانت تواجه المسافرين في القوافل الصحراويّة؟
- في رأيكم، ما هي مزايا نظام القوافل أثناء السفر في الصحراء؟

أثناء القراءة:

- هيّا نقرأ الفصل الأوّل معًا.
- ماذا تعلّمنا في الفصل الأوّل عن دور القمر والماء في حياة الرحّالة؟